"나는 죽을 때, '내 형제들이' 뭔가를 쌓아 올릴 어떤 토대를 남기고 간다는 걸 알게 될 거예요. 그게 내가 받는 상이에요."

– 니나 시몬, 1969년 모어하우스 대학에서

부모님에게 - 트레이시 N. 토드

니나에게 - 크리스티안 로빈슨

 니나 시몬, 희망을 노래하다

트레이시 N. 토드 글 | 크리스티안 로빈슨 그림 | 김서정 옮김

1판 1쇄 펴낸날 2023년 3월 5일 | 1판 2쇄 펴낸날 2025년 9월 5일 | 펴낸곳 (주)베틀북 | 펴낸이 강경태 | 등록번호 제16-1516호
제조국 대한민국 | 대상연령 8세 이상 | 주소 서울시 송파구 백제고분로7길 16-15 정안빌딩 5층 (우)05561
전화 (02)421-6543 | 팩스 (02)421-6544

NINA: A STORY OF NINA SIMONE by Traci N. Todd, illustrated by Christian Robinson
Text copyright © 2021 by Traci N. Todd
Illustrations copyright © 2021 by Christian Robinson
All rights reserved including the right of reproduction in whole or in part in any form.
This Korean edition was published by Better Books Co., Ltd. in 2023 by arrangement with G.P. Putnam's Sons,
an imprint of Penguin Young Readers Group, a division of Penguin Random House LLC through KCC(Korea Copyright Center Inc.), Seoul.

이 책의 한국어판 출판권은 ㈜한국저작권센터(KCC)를 통해 저작권사와 독점 계약한 베틀북에 있습니다.
저작권법에 의해 한국 내에서 보호를 받는 저작물이므로 무단 전재와 무단 복제를 금합니다.
ISBN 979-11-979615-3-3   77840

주의사항 종이에 베이거나 긁히지 않도록 조심하세요. 책 모서리가 날카로우니 던지거나 떨어뜨리지 마세요.

더더

니나 시몬, 희망을 노래하다

트레이시 N. 토드 글 | 크리스티안 로빈슨 그림 | 김서정 옮김

베틀·북
BETTER BOOKS

유니스 캐슬린 웨이몬은 1933년 2월 21일에 이 세상으로 왔어요.
미국 노스캐롤라이나주 트라이언의 작은 마을로요.

　유니스는 그 집안의 유일한 아이는 아니었어요. 하지만 말하기도 전에 노래하고, 걷기도 전에 리듬을 타는 유일한 아이였지요. 몸 안에 음악을 지닌 아이는 유니스뿐이었어요.

　음악은 유니스 몸 밖에도 있었어요. 엄마는 끊임없이 교회 노래를 불렀어요. 비스킷을 굽거나 콩을 삶을 때도요. 아빠는 조그만 피아노를 쳤고요.

가끔 엄마가 집에 없을 때 아빠는 유니스를 무릎에 앉히고 그 조그만 손가락을 자기 손가락 위에 얹어, 자기가 좋아하는 재즈 음악을 연주했어요. 유니스는 정말 빨리 배웠어요.

얼마 지나지 않아 아빠는 베란다에 느긋하게 앉아 유니스가 피아노 치는 소리를 들을 수 있게 되었지요. 그러다가 아빠가 재빨리 휘파람을 불면('엄마 온다!'는 뜻이에요) 유니스는 금세 엄마가 좋아하는 찬송가로 바꾸어 쳤어요. 하나도 안 틀리고요.

목사였던 엄마는 재즈가 성스럽지 못한 음악이라고 생각했어요.
엄마는 일요일에는 하루 종일 설교를 했고 가끔 수요일에도 했어요.
제대로 된 교회에서도, 심심산골 오두막에서도요. 유니스가 세 살이
되자, 엄마는 유니스를 데리고 다니며 찬송가 반주를 시켰어요.

엄마가 부드럽게 설교를 시작하면 유니스도 부드럽게 피아노를 쳤어요. 그러다 엄마가 점점 열을 올리면 유니스도 그 리듬에 맞춰 점점 더 흥겹고 신나게 건반을 두들겼어요. 설교와 음악에 취한 신자들이 모두 일어나 몸을 흔들 때까지 말이에요.

설교를 하지 않을 때 엄마는 밀러 부인네 가사도우미로 일했어요.
그 직업을 좋아하지는 않았지만 먹여야 할 입이 많으니 어쩌겠어요. 그래도
밀러 부인에게 유니스가 얼마나 재주가 많은지 얘기하는 건 좋았어요.

마침내 유니스의 연주를 듣게 된 밀러 부인은 유니스가 정말 재능이 뛰어난 아이라는 걸 알게 되었어요. 그래서 피아노를 가르치는 친구 뮤리얼 마차노비치(마지 선생님)에게 소개했지요.

그다음 토요일, 유니스는 거의 5킬로미터를 걸어 마지 선생님의 집으로 갔어요. 마을과 멀리 떨어진 깊은 숲속에 있는 집이었어요.
 그 집은 천장까지 햇빛도 잘 들어오고, 레몬 맛 알사탕도 있고, 반짝거리는 그랜드 피아노도 있었어요.

마지 선생님은 유니스에게 손가락은 둥글게 구부리고 등은 곧게 펴는 법을 가르쳤어요. 콘체르토와 푸가 연주하는 법도요. 선생님은 그 음악들이 아주 오래전에 왕과 여왕들을 위해 만들어진 '고전 음악'이라고 했어요. 유니스는 바흐의 곡을 가장 좋아했어요. 부드럽게 시작하다가 천둥처럼 변해 가는 게, 꼭 엄마의 설교 같았거든요.

백인 전용

레슨이 끝나면 유니스는 걸어서 밀러 부인네 집으로 갔어요. 엄마가 빨래 끝내기를 기다리면서 밀러 부인의 아들 데이비드와 함께 놀았지요.
가끔 밀러 부인은 일을 끝낸 엄마를 집까지 태워다 줬는데, 데이비드도 따라오곤 했어요. 그러면 유니스와 데이비드는 좀 더 함께 놀았어요.

유색인 전용

어느 날 데이비드가 보이지 않았어요.
그리고 다음번 유니스가 갔을 때 밀러 부인은 데이비드를 데리고 나갔어요.
데이비드가 흑인 여자애와 노는 게 좋을 일이 하나도 없다는 생각이었던 거죠.
어쩌겠어요.

유니스가 피아노 레슨을 받게 하기 위해서 마지 선생님과 밀러 부인은 유니스의 재능을 널리 알렸어요. 교회에서 모금을 했고 지역 신문에 기사를 냈어요. 길거리에서 유니스를 알아보는 사람들이 생겨나기 시작했어요.

흑인들은 유니스를 보면 자랑스러운 미소를 지었어요. 그러면 유니스는 따뜻하고 포근한 기분이 들었어요.

백인들은 유니스를 보면 손가락질하며 말했어요.

"쟤가 마지 선생님의 흑인 아이야!"

유니스는 기분이 전혀 좋지 않았어요. 백인들은 웬 흑인 아이가 알짱거리나 싶을 때만 유니스를 제대로 바라보는 것 같았어요.

유니스는 도무지 이해할 수가 없었어요.
그 상처를 깊이깊이 묻어 두었지요.

어느 해 봄 일요일에 유니스는 자신을 도와준 사람들에게 감사 인사를 하기 위해 트라이언 도서관에서 연주회를 열었어요. 엄마와 아빠는 유니스의 손이 잘 보이는 맨 앞줄에 앉았어요.

막 연주를 시작하려는데, 한 남자가 유니스의 엄마, 아빠를 자리에서 일으켜 세웠어요. 그 자리에 백인 부부가 앉아야 한다는 거였어요. 남자는 엄마, 아빠를 데리고 나갔어요.

'엄마, 아빠가 돌아오시겠지?' 유니스는 기다렸어요.

청중들이 웅성거렸어요. 유니스는 꼼짝 않고 앉아 있었어요.

분노의 물결이 유니스를 향해 밀려오고 있었지만, 그걸 느낄 수도 없었어요.

마침내 백인 부부가 일어섰어요. 엄마, 아빠는 다시 맨 앞자리로 돌아왔지요. 몇몇 백인은 화가 가라앉자 웃기도 했어요. 하지만 엄마, 아빠가 고개 숙인 모습을 보자 유니스는 화가 치밀어 오르기 시작했어요.

고등학교를 졸업한 유니스는 노스캐롤라이나주를 떠나 뉴욕의 줄리아드 음악 학교로 갔어요. 유니스가 살게 된 할렘의 145번가는 분주하고 시끄럽고 맛있는 음식 냄새가 가득한 곳이었어요. 사람들은 품위 있으면서 친절했고, 유니스도 거기 맞추느라고 날마다 예쁜 옷을 갖추어 입었어요.

유니스에게는 계획이 있었어요. 줄리아드 음악 학교에서 열심히 공부해서 일 년 뒤에 정말 바라던 곳으로 가리라는 것이었어요. 그 유명한 필라델피아의 커티스 음악원 말이에요. 유니스가 너무나 확신에 차 있었기 때문에 식구들은 유니스가 입학시험을 보기도 전에 모두 필라델피아로 이사를 했어요.

시험 날 유니스는 악보도 없이 외워서 연주를 했어요. 하나도 안 틀리고요.
하지만 그래 봤자였어요. 커티스 음악원은 유니스를 떨어뜨렸어요.
며칠 뒤 유니스는 동생에게 삼촌이 해 줬다는 말을 들었어요. 삼촌은
필라델피아에 사는 친구들에게 들었대요. 커티스 음악원이 유니스를 떨어뜨린
이유는, 흑인이기 때문이라는 말을요.

그게 사실인지는 모르겠지만, 유니스는 사실인 것 같았어요. 그 옛날의 분노와 상처가 되돌아와 유니스를 덮쳤어요. 생전 처음 유니스는 흑인이라는 이유만으로 모든 꿈이 물거품이 되는 게 아닐까 생각했어요.

유니스는 음악을 포기했어요. 사진 스튜디오에서 일하면서 피아노에는 손도 대지 않았어요. 하지만 마음속에서 솟아나는 음악을 외면할 수는 없었지요.

유니스는 피아노 선생님이 되었어요. 학생들이 유니스에게 애틀랜틱시티의 한 재즈 클럽에서 여름 동안 피아노 칠 연주자를 찾는다는 말을 해 주었어요. 유니스는 한번 도전해 보기로 하고, 어수선한 재즈 클럽으로 찾아갔어요. 피아노는 한쪽 구석에 있었어요. 천장에서 새는 빗물 때문에 우산이 씌워져 있었고요.

유니스는 그 일을 맡았어요.

첫날 밤 유니스는 우아한 드레스를 입고 여왕처럼 걸어 들어갔어요. 그리고 바흐 콘체르토를 연주하기 시작했지요. 하지만 손님들은 바흐하고 별로 친하지 않았어요. 그래서 바흐의 곡 중간중간에 유행하는 노래들을 슬쩍 끼워 넣곤 했지요. 자신감이 붙자, 아빠의 재즈 음악도 집어넣고 때때로 교회 찬송가도 섞어 넣었어요.
그러다 유니스는 노래를 부르기 시작했어요. 유니스의 목소리는 풍성하고, 달콤하고, 마치 부드러운 천둥 같았어요.

유니스는 해가 뜰 때까지 연주했어요. 목이 마르면 우유를 주문했지요.
손님들이 너무 시끄러우면 연주를 멈추고 조용해지기를 기다리며 우유를
홀짝거렸어요. 유니스는 그렇게 밤새 기다릴 수도 있다고 생각했어요.
우유는 공짜였으니까요.

점점 손님들이 늘어났어요. 연주를 더 듣고 싶어 조바심이 난 손님들이 오고 또 왔거든요. 하지만 거기는 성스럽지 않은 장소였고, 음악도 성스럽지 않았기 때문에 유니스의 엄마가 알게 되면 가만있지 않을 거예요. 그래서 유니스는 이름을 바꿨어요. '니나 시몬'으로요.

이듬해 니나는 애틀랜틱시티와 필라델피아의 수많은 재즈 클럽에서 연주를 했어요. 니나는 새 곡도 불렀어요. 가수 빌리 홀리데이의 히트송이었는데, 포기라는 남자와 베스라는 여자의 사랑 노래였지요. 빌리 홀리데이는 지친 듯 슬프게 부른 데 비해 니나는 어둡고 낮게 불렀어요. 그 노래가 음반으로 나오자 사람들은 열광했어요!

니나 시몬이 세상에 나온 거예요!

하지만 니나가 사랑 노래를 부르는 동안 필라델피아 거리에서는 어떤 기운이 피어오르고 있었어요. 분노와 공포의 소리가 나지막이 우르릉 울렸어요. 흑인들의 목소리가 커지고 있던 거예요. 더 이상 인간 이하의 취급은 받지 않겠다는 소리가요. 그 소리는 곧 커다란 합창이 되어 뉴욕에서도, 시카고에서도, 곧이어 남부 지역 전체로 퍼져 나갔어요.

니나도 그 소리를 들었어요. 박수갈채와 찬사가 쏟아지는 가운데 끊임없이 울리는 흑인들의 불안한 함성이 들렸어요. 니나의 친구들, 위대한 작가와 철학자들은 니나에게 목소리를 보태라고 부탁했어요. 이제 니나는 유명해졌으니까요. 모두들 그 소리를 들을 테니까요!

하지만 니나는 막 뜨기 시작한 참이었어요. 조명을 계속 받기 위해서 열심히 일해야 했어요. 언제나 기진맥진했지요. 손가락 하나 까딱하기도 힘든데 어떻게 시위에 나가겠어요?

1963년, 니나의 뼈저린 노력이 결실을 맺었어요. 카네기 홀에서 성대한 연주회를 열게 된 거예요. 모든 음악인이 서고 싶어 하는 뉴욕의 그 어마어마한 무대에서 말이에요. 마지 선생님이 제자를 보기 위해 왔어요. 아빠도 오고요. 엄마도 그 자리에 있었어요. 딸의 손을 잘 볼 수 있는 앞자리에 앉았지요.

니나는 열여덟 곡을 연주했어요. 마지막 피아노 소리가 스러지자 청중들은 모두 일어서서 박수를 치고 환호를 올리며 앙코르를 외쳤어요. 꿈이 이루어진 순간이었지요.

다만 한 가지….

수백 미터 떨어진 곳에서 마틴 루서 킹 목사가 버밍햄 감옥에 있다는 것만 빼면요. 킹 목사는 앨라배마주 길거리에서 행진을 하고 있었어요. 흑인도 정당하게 존중해 줄 것을 요구하면서요. 하지만 돌아온 것은 존중 대신 물벼락과 매질과 감옥행이었어요.
　흑인들의 끈질긴 함성은 점점 커지고 빨라져서, 마침내 분노에 찬 거대한 북소리처럼 울려 퍼졌어요.

1963년 6월 12일, 흑인을 위한 정의를 요구하던 인권 운동가 메드가 에버스가 미시시피주 잭슨에서 죽임을 당했어요. 메드가의 살인범이 법정에 서자 미시시피 주지사는 그와 악수를 나누었답니다.

　북소리는 9월 15일에 다시 울렸어요. 버밍햄의 흑인 교회에서 폭탄이 터진 거예요. 흑인 여자아이 애디 매 콜린스, 신시아 웨슬리, 캐럴 로버트슨, 캐럴 데니즈 맥네어가 목숨을 잃었어요. 니나의 딸이 막 한 살이 되던 때였지요.
　북소리는 끈질기고 강력하게 계속됐어요. 그 소리가 니나 속에 잠겨 있던 옛 상처를 두들겨 깨웠어요.

니나는 그 상처와 분노를 끌어모아 거대한 폭풍 같은 노래를 만들었어요. 앨라배마, 미시시피 같은 이름들을 노래에 담았지요. 가사는 몸서리쳐질 만큼 사실적이었는데 도저히 공손한 태도로 말할 수는 없는 것들이었어요.

하지만 니나는 공손한 게 지긋지긋했어요. 니나가 겪은 바로, 공손한 태도는 흑인들에게 아무것도 이루어 주지 못했으니까요.

묵직한 새 노래 안에서 니나의 목소리가 터져 나왔어요. 목소리는 이제 훨씬 단단하고, 거칠고, 반항적이었어요.

흑인들은 그래서 니나를 사랑했어요. 그전에도 사랑했지만요. 식당에 앉아 서비스를 요구할 때, 버스에 올라 자리에 앉을 권리를 요구할 때, 좋은 직업과 정당한 보수를 요구할 때, 니나가 자신들을 얼마나 사랑하는지 알게 된 거예요.

하지만 백인들의 맞바람도 거셌어요. 니나의 음반을 밟으며 죽여 버리겠다고 이를 갈았어요. 그래서 니나는 더 큰 소리로 노래했지요. 니나의 목소리는 그치지 않는 북소리처럼 굳건했어요.

1968년 4월 테네시주 멤피스에 그 북소리가 울려 퍼졌어요.
킹 목사를 잃은 흑인들은 니나가 자신들의 아픔을 달래 줄 것을 기대했어요. 니나는 노래했어요.
"무슨 일이 일어날까? 사랑의 왕이 세상을 떠났으니."

니나 시몬은 미국 흑인들이 겪어 온 이야기를 모두가 들을 수 있도록 노래했어요. 니나의 목소리는 사랑과 기쁨과 힘으로 넘쳤어요.

그리고 '사랑스러운, 소중한 우리 꿈들아'라고 흑인 아이들에 대해 노래할 때, 니나의 목소리는 희망 그 자체였답니다.

디다
니나 시몬에 대하여

유니스 캐슬린 웨이몬은 1933년 미국 노스캐롤라이나주 트라이언의 작은 마을에서 태어났어요. 아빠 존 디바인은 가수, 연주자로 일하다 아내 메리 케이트를 만났지요. 유니스 위로 언니, 오빠가 다섯이 있었고, 동생 둘이 더 태어났어요.

유니스의 형제자매들은 모두 피아노를 배웠지만 유니스처럼 잘 치는 아이는 없었어요. 아빠는 딸에게 재즈를 가르쳤지만 목사였던 엄마는, 연주할 가치가 있는 음악은 교회 음악뿐이라고 생각했지요.

기저귀 찬 유니스가 누워 있던 바닥 신문지에는 악보가 그려져 있곤 했어요. 엄마 말에 따르면 유니스는 마치 그 악보를 읽을 줄 안다는 듯이 노래를 흥얼거렸다는군요. 엄마는 유니스 몸 안에 음악이 들어 있다고 확신했어요.

제대로 가르침만 받으면 딸이 훌륭한 피아니스트가 될 수 있다고 생각한 엄마는 밀러 부인과 마지 선생님의 도움을 받으며, 유니스의 음악 교육에 대해 신중하게 계획을 세웠어요. 유니스는 마지 선생님에게 배우며 요한 제바스티안 바흐와 사랑에 빠졌어요. 나중에 "바흐 덕분에 내 인생을 음악에 바칠 결심을 했다."고 썼지요. 바흐의 음악이 완벽하다고 생각한 거예요.

유니스는 뉴욕의 줄리아드 음악 학교에 갔다가 필라델피아의 커티스 음악원에 지원했어요. 고전 음악을 계속 배우려고요. 하지만 입학이 거부당하자 유니스는 그게 자신이 흑인이고 여자이기 때문이라고 여겼어요. 커티스 음악원은 입학시험에서 니나의 연주가 틀린 음 하나 없이 완벽했던 건 아니라고 공식적으로 밝혔어요. 그건 니나의 생각일 뿐이었다는 거죠. 그래도 니나가 세상을 떠나기 전 해에 커티스 음악원은 니나에게 명예 학위를 수여했답니다.

필라델피아에 눌러앉은 니나는 피아노 레슨을 하며 학생 몇 명을 가르쳤어요. 그리고 애틀랜틱시티 근처의 재즈 클럽에서 연주하며 돈벌이를 했어요. 엄마가 필라델피아로 이사를 오자, 니나는 엄마에게 들키지 않으려고 무대 이름을 하나 만들었어요. 바로 '니나 시몬'이었어요. 하지만 얼마 지나지 않아 니나는 엄마에게 사실을 말했어요. 엄마는 니나의 새 일이 마음에 들지 않았지만 돈을 제법 벌어 오니 어쩌겠어요.

니나는 가수가 될 생각은 없었지만, 클럽 사장은 노래하지 않으면 해고하겠다고 으름장을 놓았어요. 덕분에 니나는 자기 목소리를 발견했어요. 거기다 자신만의 독특한 스타일도 찾아냈지요. 당시 유행하던 노래에 고전 음악과 교회 음악을 짜 넣었고, 어떻게 들으면 신음하는 듯한 거친 목소리를 그 위에 얹었어요. 인기를 얻게 되자 니나는 뉴욕으로 돌아가 작은 클럽과 콘서트홀에서 연주를 하고, 음반을 발표했어요. 음반의 인기는 폭발적이었지요.

니나가 스타가 되는 동안, 흑인들은 자신들을 틀어쥐고 있던 법과 규칙에 반기를 들고 일어섰어요. 남부 지방에서는 그런 법을 '짐 크로'라고 불렀어요. 짐 크로 법은 흑인들에게 주는 기회를 철저히 제한하는 것이었어요. 순전히 피부색 때문에요. 북부 지방에도 이름이 다르기는 했지만 그런 법이 있었어요. 1966년 킹 목사는 시카고에서 흑백 거주지 분리 반대 운동을 벌이면서 이렇게 말했어요. "저는 남부 지방 전역에서 수많은 시위행진을 했습니다. 하지만 미시시피나 앨라배마에서도 본 적 없던 적대적이고 증오에 찬 군중들이 여기 시카고에 있군요." 흑인들은 불공평한 법들을 바꾸기 위해 목숨을 걸고 노력했어요. 그러다가 수많은 사람들이 죽임을 당했지요. 변화를 위한 이런 싸움은 '흑인 민권 운동'이라고 불렸어요.

니나는 명성이 높아지면서 유명한 흑인 소설가, 화가, 음악가 들과 친구가 되었어요. 그중에 소설가 제임스 볼드윈, 시인 랭스턴 휴스, 희곡 작가 로렌 핸스베리 등은 흑인 민권 운동가였어요. 모두들 함께하자고 권했지만 니나는 자기 일에 전념해야 했어요. 팬들은 니나가 투쟁 노래가 아닌 사랑 노래를 불러 주기를 원했거든요. 하지만 인권 운동가 메드가 에버스가 죽임을 당하고, 앨라배마주 버밍햄의 한 교회에서 폭탄이 터져 여자아이들 넷이 목숨을 잃자, 니나는 더 이상 입을 다물고 있을 수만은 없었어요.

그 뒤 니나는 일생 동안 음악을 통해 자유를 위해 싸웠습니다. 흑인들을 압박하는 제도들에 저항했고, 변화를 일으킬 것을 요구했어요. '젊고, 재능 있는, 흑인(To Be

Young, Gifted and Black)'이라는 노래는 로렌 핸스베리에게 영감을 받아 만들었는데, 흑인 민권 운동의 주제가처럼 되었지요.

마침내 미국의 법은 바뀌었고 저항 운동도 잠시 잦아들었어요. 사람들도 투쟁 노래에 전처럼 관심을 갖지 않았어요. 하지만 니나는 그 변화가 진짜도 아니고 오래가지도 못할 거라는 걸 알았어요. 니나는 미국을 떠나 프랑스에 자리를 잡았고, 거기서

2003년에 세상을 떠났습니다.

　니나의 음악은 사그라들지 않았어요. 2020년 조지 플로이드, 브리오나 테일러, 아마다 아버리 등등의 흑인들이 살해당했습니다. 사람들은 세계 곳곳에서 거리로 몰려 나와 항의했어요. 그러면서 니나의 음악으로 위로와 힘을 얻었지요.

　흑인 민권 운동의 리더였던 나의 아버지는 니나의 음악을 내게 소개해 주었어요. 아빠는 앨라배마의 주유소에서 처음으로 '널 사랑해, 포기(I Loves You, Porgy)'를 들었대요. 조지 거슈윈과 아이라 거슈윈의 뮤지컬 <포기와 베스>에 나오는 노래였어요. 주유소 직원에게 저 가수가 누구냐고 묻자 그가 대답했지요. "니나 아, 사이먼인지 니나 시몬인지 잘 모르겠지만, 어쨌든 노래는 진짜 잘해."

　이 이야기를 하도 많이 들어서 그 일이 오늘날 나를 만든 것 같아요. 니나 시몬의 노래도요.

- 트레이시 N. 토드

■ 니나 시몬의 노래를 들을 수 있어요.

1. 니나 시몬 '나를 강으로 데려가 주세요(Take Me To The Water)'

2. 니나 시몬 '기분이 좋아(Feeling Good)'

지은이 **트레이시 N. 토드**

트레이시의 엄마, 아빠는 딸 이름이 다이너마이트(TNT)를 상징했으면 좋겠다고 생각했습니다. 아빠 이름도 그랬거든요.
아빠는 니나 시몬과 레이 찰스의 노래를 항상 들려주었고, 엄마는 좋은 책을 많이 읽어 주었습니다.
지금 트레이시는 어린이책 편집자, 작가로 일하면서 뉴욕 퀸스에 살고 있습니다.

그린이 **크리스티안 로빈슨**

《행복을 나르는 버스》로 칼데콧 아너 상과 코레타 스콧 킹 상을 받았습니다.
《학교가 처음 아이들을 만난 날》,《또 다른 아이》,《넌 중요해》,《마일로가 상상한 세상》,
《카멜라의 행복한 소원》 등 많은 책에 그림을 그렸습니다.

옮긴이 **김서정**

어린 시절 군인이었던 아빠는 행진곡과 판소리를, 교사였던 엄마는 오페라와 교향곡을 많이 들려주었습니다.
그래서 음악이라면 그다지 낯설지 않지요. 노래와 연주에 재능 많은 사람을 늘 부러워합니다.
《학교가 처음 아이들을 만난 날》,《안데르센 메르헨》,《그림 메르헨》 등 많은 책을 우리말로 옮겼습니다.